Inhaltsverzeichnis

AJOARRIERO SPANISCHER STOCKFISCH

Zutaten

200 g Stockfisch (entsalzen, in Stücken)
1½ MB Olivenöl
½ MB Milch
1 gekochte Kartoffel
Salz & Pfeffer
1 Knoblauchzehe zerdrückt

Wer es mag: Stockfisch entsalzen, indem man ihn einen Tag vorher in Wasser einlegt (Wasser sollte bis 4 x gewechselt werden). Milch, Kartoffel, Knoblauch, Pfeffer und Salz in den Mixtopf geben, **6 Min./100 °C/ Stufe 4**. Fisch und die Hälfte Öl zugeben: **3 Min./Stufe 1** und laufen lassen und das restliche Öl hinzufügen.
Wenn die Masse zu dick sein sollte, eine höhere Geschwindigkeit nehmen und nochmals pürieren. Dazu serviert man Brot.
Wird als Vorspeise oder einfach nur mal so serviert.

ANTIPASTI SIZILIANO

Zutaten

2 rote Paprika
1 gelbe Paprika
3 kleine Zucchini
300 g Champignons
3 EL Olivenöl
1 EL Salz
6 EL dunkler Balsamico-Essig
1 handvoll frische Basilikum-Blätter
1 Knoblauchzehe
½ TL Pfeffer

500 g Wasser in den Mixtopf geben und verschließen. Paprika, Zucchini und Champignons in mundgerechte Stücke schneiden und in den Varoma® geben. Olivenöl und Salz über dem Gemüse verteilen und mit dem Varoma®-Deckel verschließen. Den Varoma® mit Deckel gut festhalten und durch leichtes Schütteln den Inhalt gut miteinander vermischen (am besten über der Spüle). Varoma® auf den Mixtopf aufsetzen und **20 Min./Varoma®/Stufe 1** garen. Den Inhalt des Varoma® in eine große Schüssel füllen und den Mixtopf leeren. Balsamico-Essig, Basilikum, Knoblauchzehe und Pfeffer in den Mixtopf geben und **10 Sek./ Stufe 8** mixen. Marinade über das Antipasti-Gemüse gießen und gut vermischen. Abschmecken und evtl. nachwürzen.

AUBERGINEN-HACK-AUFLAUF

Zutaten

1 kg Auberginen
Salz

Für die Hacksoße:
50 g Olivenöl
100 g Zwiebeln
150 g Wurzeln
50 g Sellerie
2 Knoblauchzehen
250 g Tomaten aus der Dose (pürieren)
40 g Rotwein
500 g Rinderhack
Salz & weißer Pfeffer aus der Mühle

Für die Bechamelsoße:
50 g Butter
800 g Milch
100 g Mehl
Salz & Pfeffer
Muskatnuss

Zum Überbacken:
100 g Käse (Gouda/Emmentaler)

Auberginen in 1 cm dicke Scheiben schneiden, salzen, durchziehen und abtropfen lassen. Danach abwaschen, trocken tupfen und in der Mikrowelle 5 Min. vorgaren. Zwiebel und Öl in den Mixtopf geben **7 Min./100 °C/ Stufe 3** dünsten. Anschließend die Wurzeln und Sellerie in Stücke schneiden, ebenfalls hinzufügen, Knoblauch und Wein zugeben. **5 Min./100 °C/Stufe 5** kochen. Zum Schluss die restlichen Zutaten zugeben und ca. **12 Min./100 °C/Stufe 1** garen. In eine Schüssel umfüllen. Topf nicht waschen.

Alle Zutaten der Bechamelsoße in den Mixtopf geben und **7 Min./90 °C/Stufe 4** mixen. In einer Auflaufform nun die eine Hälfte der Auberginen einfüllen, Hacksoße darüber geben, dann den Rest der Auberginen oben drauf legen. Zum Schluss mit Bechamelsoße übergießen. Den vorher geriebenen Käse darüber streuen und im Backofen auf 190 °C ca. 10 Min. backen.

AUBERGINENROLLEN

Katja Roß

Zutaten

2 Auberginen
1 große Dose Tomaten
(Flüssigkeit abtropfen lassen)
1 P. Schafskäse (Feta)
2 EL Öl
2 – 3 Knoblauchzehen
Salz & Pfeffer
aus der Mühle
1 Pr. Zucker

Auberginen längs in ca. 0,5 cm dicken Scheiben schneiden (Gurkenhobel o. ä.). In Öl von beiden Seiten kurz anbraten, salzen und pfeffern. Knoblauch **3 Sek./Stufe 6** zerkleinern. Käse grob würfeln und im Mixtopf **2-3 Sek./Stufe 6** zerkleinern. Tomaten dazu und kurz **Stufe 3** untermischen (nicht pürieren!). Mit Salz, Pfeffer und einer Prise Zucker abschmecken. Nun ca. 1 Teelöffel der Tomaten-Käse-Masse auf eine Auberginenscheibe geben und zu einer kleinen Rolle formen. Mit einem Zahnstocher feststecken. Die Rollen in eine Auflaufform geben und die restliche Masse, falls noch welche übrig ist, ebenfalls in die Auflaufform geben. Backofen auf 200 °C vorheizen und die Auberginen nun ca. für 20 Min. garen lassen.

BAUERNBROT GEFÜLLT

Zutaten

Brot:
250 ml Wasser
100 g Olivenöl
2 TL Salz
1 TL Zucker
1 Würfel Hefe
600 g Mehl
2 EL Oregano

Füllung:
5 Scheiben Schinken
(oder Bacon)
5 Scheiben Gouda
etwas Milch, Oregano
zum Bestreichen

Wasser, Öl, Salz und Zucker in den Mixtopf geben und **2 Min./37°C/Stufe 2** rühren. Hälfte des Mehls zugeben und die Hefe nun **8 Sek./Stufe 4** mischen. Restliches Mehl mit Oregano zugeben und **3 Min./Brotstufe** zu einem Teig verarbeiten. Teig umfüllen und abdecken. Zutaten für die Füllung in den Mixtopf geben und ca. **10 Sek./Stufe 3-4** vermischen. Teig rechteckig ausrollen, die Füllung in die Mitte füllen und eine Rolle formen. Enden gut verschließen. Mit Milch bepinseln und mit viel Oregano bestreuen. Teig an einem warmen Ort ca. 30 Min. gehen lassen. Backofen vorheizen und bei ca. 220 °C ca. 25–30 Min. backen. Am besten noch warm servieren.

BLÄTTERTEIG-HAPPEN MIT LACHS

Zutaten

1 P. Blätterteig
100 g Emmentaler
100 g Sahne
1 Eigelb
2 TL Dill
½ TL Salz
1 Pr. Pfeffer
120 g Lachs
1 Eigelb

Blätterteig auf einer bemehlten Arbeitsplatte in einzelnen Scheiben auslegen und auftauen lassen. Käse in den Mixtopf geben und **5 Sek./Stufe 6** zerkleinern. Sahne, Eigelb, Dill, Lachs, Salz und Pfeffer zugeben und **20 Sek./Stufe 3** verrühren. Auf jedes Blätterteigstück ca. 1½ EL Lachsmasse geben und zuklappen. Mit Eigelb bestreichen und bei 180 °C ca. 30 Min. backen.

BLÄTTERTEIGTASCHEN

Zutaten

1 P. Blätterteig
400 g Schafskäse
3 EL Petersilie
3 Zwiebeln
150 g Joghurt
Salz & Cayennepfeffer

Blätterteig ausrollen und Quadrate mit ca. 12 cm Länge je Kante schneiden. Die restlichen Zutaten in den Mixtopf geben und **10 Sek./Stufe 3-4** vermengen. Bei jedem Teigquadrat in eine Ecke 1 EL Käsemasse geben und aufrollen. Entweder in heißem Olivenöl ausbacken oder auf dem Backblech backen bei 200 °C, bis der Blätterteig goldbraun ist. Kann heiß oder kalt gegessen werden.

ANMERKUNG: Der Rest der Masse kann als Brotaufstrich verwenden.

BOLOGNESE–KÄSE–SCHNITZEL

Maria Füssl

Zutaten
12 kl. Schweineschnitzel
1 kg gemischtes Hack
1 Ei
1 altes Brötchen
1 Zwiebel
2 Beutel Fertigmischung für Bolognese
2 Becher süße Sahne (á 200 ml)
250 g Gouda Raspelkäse

Die Schnitzel waschen, trocken tupfen und anschließend in eine gefettete Auflaufform legen. Zwiebel im Mixtopf **3 Sek./Stufe 6** zerkleinern. Anschließend Hack, Ei und Brötchen hinzufügen und **2 Min./Brotstufe** zu einem Frikadellenteig verarbeiten. Die Schnitzel fingerdick mit dem Teig belegen. Die süße Sahne mit Bolognesefix in den Mixtopf geben und kurz **20 Sek./Stufe 4-3** rühren und über die Schnitzel geben. Nun im Backofen ca. 55–60 Min./bei 180 °C auf mittlerer Schiene im Backofen garen. Zum Schluss den Käse darüber streuen. Mit Reis, Baguette und Salat servieren.

BRATWURST-TORTE

Zutaten
250 g Mehl
125 g Margarine
1 Ei
etwas Salz
2 Eier
1 Bund Schnittlauch
150 g Creme fraiche
4 EL körniger Senf
500-600 g ungebrühte Bratwurst

Bis zum Salz alles in den Mixtopf geben und **2½ Min./ Brotstufe** zu einem Teig verarbeiten. Diesen dann in einer Springform verteilen und mehrmals mit einer Gabel einstechen. Eier, Schnittlauch, Creme fraiche, Senf in den Mixtopf füllen und ca. **1 Min./Stufe 3** verrühren. Bratwurst als Schnecke auf den Teig legen, Guss darüber verteilen und auf der mittleren Schiene ca. 35–40 Min./bei 200 °C (O/U) garen.

BRÖTCHEN MIT SALAMI-PILZ-CREME

Rebecca van Deelen

Zutaten

1 P. Kräuterfrischkäse
1 B. Schmand
100 g Salami
3 Frühlingszwiebeln
1 Dose Pilze

Zum überbacken:
6 Brötchen

Alles in den Mixtopf füllen ca. **15 Sek./Stufe 4** gut mischen. Die Brötchen aufschneiden, mit der Creme bestreichen und ca. 15-20 Min./200 °C im Backofen überbacken.

BRUSCHETTA MIT TOMATEN

Zutaten

1 Knoblauzehe
1 kl. Zwiebel
3 Tomaten
8 Blätter Basilikum
1 TL getr. Oregano
Salz & Pfeffer
1 EL Olivenöl

Knoblauchzehe pellen und in den Mixtopf geben. Zwiebel zerteilen und ebenfalls einfüllen. Nun **4 Sek./Stufe 6** zerkleinern. Tomaten halbieren und in den Mixtopf füllen. Basilikum, Oregano, Salz, Pfeffer, Öl dazugeben und ca. **15 Sek./Stufe 4** mischen und mit Balsamico Essig abschmecken. Nun die Masse auf noch warmes Brot verteilen. Wenn man den Aufstrich warm möchte, dann alles **4 Min./50 °C/Stufe 1** dünsten.

CALZONE ITALIANO

Zutaten

Pizzateig:
350 g Mehl
200 g Wasser, lauwarm
1 Würfel frische Hefe
20 g Olivenöl
1 TL Salz
1 Pr. Zucker

Für die Füllung:
Tomatenpüree
Salz
2 Knoblauchzehen

Belag:
1 P. gekochter Schinken
1 Dose Champignons
2 Kugeln Mozzarella

Alle Zutaten für den Teig in den Mixtopf geben und **2½ Min./Brotstufe** zu einem Teig verarbeiten. In eine Schüssel füllen und anschließend mind. 30 Min. an einem warmen Ort gehen lassen. Zwischenzeitlich Tomatenpüree in den Mixtopf geben, Salz, Knoblauchzehen zugeben und **3 Min./Stufe 5** mixen. Teig rund ausrollen. Mit Tomatenmasse bestreichen. Gewürfelten Schinken, Champignons und Mozzarella darauf verteilen. Zuklappen und Ränder festdrücken. Im vorgeheizten Backofen ca. 20–30 Min./180 °C (O/U) goldgelb backen.

ANMERKUNG: Auch super für Pizzastein geeignet.

CRACKER

Zutaten

400 g Weizenmehl
Type 550
2 Eier
50 g zerlassene Butter
1 EL Salz
1 EL Zucker
200 ml Milch

Alle Zutaten in den Mixtopf füllen und **3 Min./Brotstufe** kneten. Mit Deckel drauf ca. 2 Std. ruhen lassen. 2 Backbleche mit Öl einpinseln, Backofen auf 200 °C Umluft vorheizen. Teig teilen und jede Hälfte dünn aufs Blech mit geölten Händen verteilen. Mit Mohn und Sesam bestreuen und auf mittleren Schiene 15 Min. goldbraun backen. Anschließend mit Wasser besprühen und dann in Stücke brechen.

CRÊPES MIT RÄUCHERLACHS

Zutaten

Crêpes:
2 Eier
2 EL Distelöl
etwas Salz
1/8 l Milch
1/8 l Mineralwasser
125 g Mehl
3-4 EL Balsamico
3-4 EL Honig
1-3 Scheiben Räucherlachs je Crêpes

Milch und Mineralwasser in den Mixtopf geben und ca. **30 Sek./Stufe 3** verrühren, Mehl hinzufügen und **1 Min./Stufe 4** rühren lassen. Der Teig muss die Konsistenz von Kaffeesahne haben. 1 Stunde ruhen lassen. Balsamico mit der gleichen Menge Honig (je nach Geschmack) in einer kl. Schüssel verrühren. Crêpes dünn ausbacken, 1-2 Scheiben Räucherlachs dazu, mit der Balsamicosoße beträufeln, aufrollen und genießen.

ANMERKUNG: Ergibt ein Abendessen für zwei Personen oder eine Vorspeise für vier Personen!

EIER IM MANGOLDNEST

Zutaten

350 g Wasser
100 g Mangoldblätter zerkleinert
½ TL Kräutersalz
reichlich Pfeffer
4 Eier

Wasser in den Mixtopf geben. Mangoldstängel in den Gareinsatz geben, in den Mixtopf einhängen und **10 Min./Varoma®/Stufe 2** dämpfen. Mangoldblätter 3 Min. vor Ende der Zeit durch die Deckelöffnung zugeben.

Nach Ende der Garzeit Mangold in eine Schüssel füllen und mit Kräutersalz und Pfeffer vermischen. Vier Förmchen gut mit Butter einfetten und den Mangold so darin verteilen, dass in der Mitte eine kleine Vertiefung ist. Eier einzeln aufschlagen und in jedes Förmchen ein Ei geben.

Die Förmchen in den auf 250 °C vorgeheizten Backofen im Wasserbad garen. Das Eiweiß soll angezogen haben. Nach dem Garen den Inhalt der Förmchen vorsichtig auf je einen Teller legen und mit z. B. Tomatenachteln garniert heiß servieren. Variante: Statt Mangold kann man auch klein geschnittenen roten Paprika verwenden. Die Garzeit im Gareinsatz beträgt dann 8 Minuten.

FLAMMKUCHEN

Zutaten

Teig:
350 g Mehl
2 MB Wasser
20 g frische Hefe
2 EL Öl
1 TL Salz

Belag:
250 g Frühstücksspeck
300 g Schmand
200 g Sahne
2 EL Schnittlauch
1 TL Brühe (Instant)

Zutaten in den Mixtopf geben und **2 Min./Brotstufe** verkneten. Den Teig auf 2 Backblechen ausrollen und ca. 20 Min. ruhen lassen. Alle Zutaten für den Belag in den Mixtopf geben und **10 Sek./Stufe 5** verrühren, mit Salz und Pfeffer nachwürzen. Schmandguss auf dem Hefeteig verteilen, die Speckwürfel und den Schnittlauch darüber streuen. Im vorgeheizten Backofen bei 200 °C ca. 20–25 Min. backen.

FRIKADELLEN
(Fleischpflanzl , Buletten)

Zutaten

1 Zwiebel
1 Ei
1 Brötchen, altbacken
500 g gemischtes Hackfleisch
Gewürze nach Geschmack

Die Zwiebel in den Mixtopf geben und **3 Sek./ Stufe 6** zerkleinern. Die restlichen Zutaten zugeben und alles auf **Stufe 5/6** gut vermischen. Aus der Hackmasse kleine Kugeln formen und flach drücken und in heißem Fett in der Pfanne braten. Dazu passen sehr gut Bratkartoffeln und grüne Bohnen.

GEFLÜGELLEBERPASTETE

Zutaten

1 Karotte
1 Zwiebel
1 Schalotte
500 g Geflügelleber
4 Eier
½ l Milch
½ l Sahne
1 EL Cognac
Salz & Pfeffer

Karotte, Zwiebel, Schalotte in den Mixtopf geben und **8 Sek./Stufe 6** zerkleinern. Leber und Eier dazugeben und **5 Sek./Stufe 6** zerkleinern. Milch, Sahne, Cognac, Salz und Pfeffer zugeben und nochmals **10 Sek./Stufe 5** mischen. Masse in gebutterte Förmchen geben und diese in eine Auflaufform stellen. Die Auflaufform mit Wasser auffüllen. Bei mäßiger Hitze 150 °C ca. 20–30 Minuten garen.

GEFÜLLTES PARTYBAGUETTE

Zutaten

1 Baguette (ca. 550 g)
2 hart gekochte Eier
250 g Speisequark
200 g Frischkäse
Dill, Petersilie & Schnittlauch
2 EL Meerrettich
200 g Räucherlachs in Streifen

Dill und Petersilie **5 Sek./Stufe 5** zerkleinern. Nun Eier und Lachs **5 Sek./Stufe 3** dazugeben. Alle übrigen Zutaten **10 Sek./↺/Stufe 3** untermischen. Baguette durchschneiden und etwas aushöhlen, mit der Masse füllen und mit Alufolie umwickeln. Gut gekühlt servieren.

ANMERKUNG: Die Füllung kann man gut als Dip verwenden.

GEMÜSEPIZZA MIT SCHAFSKÄSE

Michaela Wagner

Zutaten

Pizzateig:
250 g Mehl (Type 405)
130 g lauwarmes Wasser
½ Würfel Hefe
3 EL Olivenöl
1 Pr. Zucker
1/4 TL Salz

Belag:
1 Knoblauchzehe
1 Becher Schmand
1 P. Schafskäse
Salz & Pfeffer
Zucchini & Tomaten
evtl. Peperoni

Alle Zutaten in den Mixtopf geben und **2 Min./Brotstufe** kneten. Den fertigen Teig auf ein Backblech verteilen und dünn ausrollen. Belag: Knoblauchzehe schälen **2 Sek./Stufe 6**. Schmand, Schafskäse, Salz und Pfeffer dazugeben und **15–20 Sek./Stufe 3** mixen. Die Schafskäsecreme auf dem Pizzaboden verteilen und dachziegelartig abwechselnd mit Zucchinischeiben und Tomatenscheiben belegen. Mit Pfeffer und Salz würzen. Etwas Olivenöl darüber träufeln. Evtl. Peperoni nach Geschmack drauflegen.
Den Backofen vorheizen, dann nur auf Unterhitze 240 °C ca. 25–30 Min. backen.

ANMERKUNG: Auf dem Pampered Chef Pizzastein schmeckt sie wie vom Pizzabäcker.

GEMÜSETASCHEN MIT KÄSE

Zutaten

1 P. Blätterteig
flüssige Butter zum Bestreichen
100 g Zucchini
100 g Frühlingszwiebeln (nur das Weiße)
100 g Rotkohl (Blaukraut)
100 g Wurzeln (Karotten)
200 g Camembert
Eisbergsalat
Granatapfelkerne
Salz & Pfeffer

Alles Gemüse in Stücken im Mixtopf zerkleinern **10 Sek./Stufe 4**. In den Varoma® legen. 500 ml Wasser in den Mixtopf geben und **5 Min./Varoma®/Stufe 2** kochen. Sobald Dampf austritt, Varoma® aufsetzen. Nun **7 Min./Varoma®/Stufe 2** einstellen. Das Gemüse soll knackig bleiben. Salzen, pfeffern und etwas Butter untermischen. 2 Teigplatten auf beiden Seiten mit Butter bestreichen und füllen: etwas Gemüse, Camembert in Scheibchen geschnitten und wieder Gemüse. Dann das Päckchen klappen und schließen. Es soll quadratisch und gut verschlossen sein, damit keine Füllung austreten kann. Dazu die Teigränder mit Wasser einpinseln und gut zusammendrücken (mit einer Gabel). Die Päckchen in eine Auflaufform legen und bei 200 °C im Ofen 10–12 Min. goldbraun backen. Auf einem Eisbergsalatbett mit Granatapfelkernen servieren, dazu eine Vinaigrette.

GEMÜSESCHMANDTORTE

Edwin Schröer

Zutaten

Teig:
200 g Körner
(6-Korn-Mischung)
1 TL Salz
60 g Butter
½ Würfel Hefe
125 g lauwarmes Wasser

Belag:
750 g gemischtes
Gemüse (Broccoli,
Zucchini, Karotten,
Erbsen, Blumenkohl,
Kohlrabi etc.)
500 ml Wasser
125 g Magerquark
200 g Schmand
100 g Sahne
2–3 Eier
Salz, Pfeffer, Muskat
150 g Käse (Gouda,
Emmentaler)

Die Körner im Mixtopf **20 Sek./Stufe 10** fein mahlen, die restlichen Zutaten zufügen und **2½ Min./Brotstufe** einen Hefeteig herstellen. Teig umfüllen und ca. 30–40 Min. an einem warmen Ort gehen lassen .Nochmals kurz mit den Händen durchkneten. Nun den Käse **im Mixtopf 5 Sek./Stufe 6** zerkleinern und umfüllen. Mixtopf ausspülen und Wasser einfüllen. Gemüse putzen, waschen und in gleichmäßige Stücke zerteilen: Broccoli und Blumenkohl in Röschen, Karotten, Zucchini und Kohlrabi in Scheiben. Karotten und Kohlrabi in den Gareinsatz geben und diesen in den Mixtopf einhängen. Mixtopfverschließen. Restliches Gemüse in den Varoma® füllen und aufsetzen.
Nun **25 Min./Varoma®/Stufe 1** bissfest garen. Restliches Wasser im Mixtopf ausgießen (evtl. auffangen für Suppe!) und kaltes Wasser zum Abkühlen einfüllen. Boden und Rand einer Springform (Ø 28 cm) mit dem Hefeteig auslegen. In den ausgekühlten Mixtopf Quark, Schmand, Sahne, Eier und Gewürze geben und **15 Sek./Stufe 3** verrühren. 1/3 der Quarkmasse auf dem Teig verteilen und mit 1/3 des Käses bestreuen. Nun das Gemüse darauf verteilen.
Den restlichen Käse mit der Quarkmasse mischen und über das Gemüse gießen. Nun im Backofen ca. 50 Min./200°C bei O/U backen.

GEMÜSEWAFFELN

Zutaten

200 g Weizenmehl (Type 550)
1 Zwiebel
1 Knoblauchzehe
1 Bund Petersilie,
je 200 g Kohlrabi/ Lauch(Porree)/Möhren
250 ml Milch
4 EL Sahne
2 Eier
etwas Pfeffer
½ TL Salz

Gemüse nacheinander ca. **20 Sek./Stufe 6** zerkleinern umfüllen und in einem Sieb abtropfen lassen. Mehl, Milch Sahne Eier und Gewürze **30 Sek./Stufe 4–3** vermischen. Nun das Gemüse einfüllen und alles nochmals **Stufe 3** untermischen. Nun nacheinander in einem Waffeleisen ausbacken.

ANMERKUNG: Dazu Sour Cream servieren.

GNOCCHIAUFLAUF

Evelyn Ruckgaber

Zutaten

6 MB Milch
150 g Pfeilwurzelmehl (Tapioka Stärke)
3 Eigelb
100 g Emmentaler
100 g Butter
Salz & Pfeffer
Muskatnuss

Käse bei **Stufe 6** zerkleinern und beiseite stellen. Milch, Tapioka, Butter, Salz und Muskatnuss in den Mixtopf geben. Eigelbe zugeben und **6 Min./100 °C/ Stufe 2** mischen. Diese Masse in eine rechtwinklige Form gießen und erkalten lassen. Eine feuerfeste Form mit Butter ausstreichen und aus der Masse Stücke schneiden die ziegelartig eingeschichtet werden. Mit Käse bestreuen und Butterflöckchen aufsetzen. Im Ofen bei 180 °C, 20 Min. backen. Heiß servieren.

GRISSINI

Zutaten
350 g Mehl
2 MB Wasser
1 Würfel Hefe
2 EL Olivenöl
1 TL Salz
1 Pr. Zucker
Pizzagewürz
Körner (Sesam & Mohn)

Mehl, Wasser, Hefe, Olivenöl, Salz, Zucker und Pizzagewürz in den Mixtopf geben und **3 Min./Brotstufe** verkneten. Den Teig nicht zu dünn ausrollen und in schmale Streifen schneiden und mit den Körnern bestreuen. Auf der oberen Schiene des Backofens ca. 15 Minuten bei 220 °C goldgelb backen. Nach dem Backen auf einem sauberen Geschirrhandtuch auskühlen lassen.

HACK-KAROTTEN-STRUDEL

Zutaten
1 Zwiebel
1 Karotte
1 EL Öl
400 g gemischtes Hack
1 Tasse Pfifferlinge
1 MB Instant-Brühe
1 P. Blätterteig (Fertigprodukt)
100 g geriebenen Emmentaler
1 EL Basilikum, grob gehackt

Zwiebel und Karotte **3 Sek./Stufe 7 (Spatel)** zerkleinern und mit Öl **3 Min./100 °C/Stufe 1** andünsten. Hack dazu geben und **5 Min./90 °C/Stufe 1** mitdünsten. 1 MB Brühe darüber gießen, salzen, pfeffern, eine Tasse Pfifferlinge dazugeben und alles **15 Min./90 °C/Stufe 1** dünsten. Mixtopf abnehmen und auskühlen lassen. Einen Fertig-Blätterteig auslegen und mit der Masse bestreichen, Emmentaler darüber streuen und 1 EL grob gehacktes Basilikum drüber streuen. Teig aufrollen, mit verquirltem Ei bestreichen und ca. 20 Min. bei 180 °C mittlere Schiene backen.

HÄHNCHENBRUST, GEFÜLLT

Zutaten

4 Hähnchenbrustfilets

Füllung:
100 g Bacon
100 g gekochten Schinken
1 Ei
1 TL Butter
1 kl. Zwiebel

Soße:
½ MB Distelöl
2 MB Sahne
½ Hühnerbrühwürfel
½ Zwiebel
2 MB Wasser
1 Knoblauchzehe
50 g Mandeln

Hähnchenbrustfilets waschen, abtupfen und aufschneiden. Schinken in den Mixtopf geben und **2 Sek./Stufe 7** zerkleinern und beiseite stellen. Ohne den Mixtopf zu reinigen, restliche Zutaten der Füllung hineingeben und **5 Min./100 °C/Stufe 4** mischen. Schinken zugeben und **5 Sek./Stufe 3 (Spatel)** unterrühren. Hähnchenbrustfilets damit füllen und mit Bindfaden zusammen binden. Zutaten der Soße, nicht die Flüssigkeiten, in den Mixtopf füllen und **5 Min./100 °C/Stufe 5** mischen. Flüssigkeiten zugeben und untermischen. Gefüllte Hähnchenbrustfilets in eine Auflaufform legen, die Soße darüber gießen und bei 200°C ca. 35-40 Min. garen. Garprobe machen. Dazu passen gut Kartoffelpüree oder Bratkartoffeln.

HÄHNCHENKLEIN ÜBERBACKEN

Zutaten
1 EL Öl
1 Msp. Curry
2 EL Mehl
½ l Milch
30 g Butter
Pfeffer aus der Mühle
3 Eier
250 g Hähnchenfleisch
100 g Emmentaler oder Gouda
Salz

Käse in Stücken in den Mixtopf geben **3 Sek./Stufe 7** zerkleinern und dann umfüllen. Ohne den Mixtopf zu reinigen das Hähnchenfleisch einfüllen und **5 Sek./Stufe 4** zerkleinern. Und dann mit dem Öl **3 Min./90 °C/↺/Stufe 2** anbraten. und dann umfüllen. Nun Butter, Mehl, Milch, Curry, Salz und Pfeffer in den Mixtopf geben **7 Min./90 °C/Stufe 4** und eine Soße herstellen. Eier und 75 g Käse zugeben: **2 Min./90 °C/Stufe 4** mischen. Hähnchenfleisch mit dem Spatel untermischen. In Schalen füllen und mit dem restlichen Käse bestreuen. Einige Minuten im Ofen gratinieren und servieren.

HEFEKUCHEN MIT KÜMMELSAHNE

Nina Ressing

Zutaten

Hefeteig:
250 g Mehl
½ Würfel Hefe
80 g Butter
1/8 l lauwarme Milch
1 Pr. Salz
1 Ei

Belag:
1 EL weiche Butter
1 EL Mehl
1 Becher saure Sahne
½ Becher süße Sahne
4 Eier
Salz & Kümmel

Zum Bestreuen:
grobes Meersalz

Teigzutaten in den Mixtopf geben und **2 Min./Brotstufe** verkneten. Auf ein Backblech streichen und ca. 30 Min. gehen lassen. Belagzutaten in den Mixtopf geben und **1 Min./Stufe 3** mixen. Nun auf dem Teig verteilen. Anschließend auf der mittleren Schiene bei ca. 30 Min. bei 200–220 °C backen. Zum Schluss noch mit Meersalz bestreuen.

HEFE-FÖRDEN

Zutaten

400 gr. Mehl
300 ml Milch
1 Würfel Hefe
30 g Zucker
1 Pr. Salz
30 g Butter
abgeriebene Schale einer ½ Zitrone
2 Eier

Alle Zutaten außer Mehl in den Mixtopf und **1 Min./37 °C/Stufe 2** mischen. Mehl dazu geben und alles **3 Min./Brotstufe** verkneten. Fett portionsweise erhitzen und kleine, runde Hefekuchen backen. Mit Zimt und Zucker bestreuen und mit Vanilleeis servieren.

HERZHAFTE KÄSE KEKSE

Ilona Kors

Zutaten

300 g Käse
300 g Mehl
300 g Quark
200 g Margarine

Zum Bestreichen:
1 Eigelb

Zum Bestreuen:
Paprika, Pfeffer, Sesam oder schwarzen Kümmel

Käse in den Mixtopf füllen ca. **20 Sek./Stufe 10** mahlen. Restliche Zutaten einfüllen und nochmals **3 Min./Brotstufe** verkneten. Anschließend kühl stellen. Nun den Teig ausrollen, mit Formen ausstechen, mit Eigelb bestreichen und mit Paprika, Pfeffer, Sesam oder schwarzem Kümmel bestreuen. Im Backofen bei 180°C ca. 20 Min backen. Auskühlen lassen und dann in einer Keksdose aufbewahren.

KARTOFFEL-GEMÜSE-PUFFER

Ute Gimmer

Zutaten

500 g Pellkartoffeln vom Vortag
300 g Karotten
300 g Lauch
2 EL Gemüsebrühe Instant
2 Eier
Salz & Pfeffer
Muskat
Petersilie
20 g zerlassene Butter

Lauch und Karotte putzen und in Scheiben/Ringe schneiden. In den Varoma legen und nun ½ l Wasser mit der Brühe in den Mixtopf füllen. **15 Min./Varoma®/Stufe 2** dünsten. Danach beiseite stellen. Nun das Gemüse mit den Pellkartoffeln in den Mixtopf geben und alles **3 Sek./Stufe 6** zerkleinern. Eier, Salz, Pfeffer, Muskat und Petersilie hinzufügen und **10 Sek./Stufe 3** mischen.

Das Backblech mit dem Backpapier auslegen und ganz dünn mit zerlassener Butter bepinseln. Mit einem Esslöffel 8 Puffer darauf verteilen und flach drücken. Jeden Puffer mit der restlichen flüssigen Butter bestreichen und 25 Min. bei 200 °C (vorgeheizt) knusprig backen.

KARTOFFEL-PIZZABODEN
(Pizzaboden-Ersatz)

Zutaten

1 kg Kartoffeln
4 Eier
250 ml Sahne
10 g geriebenen Käse
1 Pr. Salz
1 Pr. Pfeffer
etwas Oregano

Kartoffeln schälen, in groben Stücken in den Mixtopf geben auf **5 Sek./Stufe 5** grob raspeln.
Restliche Zutaten zugeben und alles **10 Sek./Stufe 4** mischen. Die Kartoffelmasse in eine gefettete Fettpfanne geben und 20 bis 25 Minuten bei 200 °C backen. Anschließend nach Belieben belegen und weitere ca. 15 Minuten bei 200 °C backen.

KARTOFFEL-KÄSE-STANGEN

Zutaten

100 g Kartoffeln
50 g Butter
200 g Mehl
½ TL Salz
50 g geriebenen Käse

Pellkartoffeln gar kochen und unter kaltem Wasser abschrecken und pellen. In Stücke schneiden und in den Mixtopf geben und **10 Sek./Stufe 6** zerkleinern. Mehl, Salz, Käse und die Butter zugeben (alles Zimmertemperatur) und **30 Sek./Stufe 6** mischen. Teig herausnehmen und zu einer Kugel formen und 30 Min. im Kühlschrank ruhen lassen. Stangen von ca. 1 cm Breite formen und mit verquirltem Ei bestreichen. Im vorgeheizten Backofen bei 180 °C, 20–25 Minuten goldbraun backen.

KÄSE-PIZZA-STREIFEN

Nina Ressing

Zutaten

400 g Mehl
1 Würfel Hefe
1 Pr. Zucker
1 TL Salz
½ MB Öl
2 MB Wasser
1 EL Pizzagewürz
100 g geriebenen Emmentaler

Alles in den Mixtopf geben und **2 Min./Brotstufe** verarbeiten. Auf ein gefettetes Blech ausrollen und in Streifen schneiden. Bei 220 °C, mittlere Schiene ca. 15 Min. backen.

KÄSE-SCHINKEN-SCHNECKEN

Zutaten

Teig:
200 ml lauwarme Milch
1 Würfel Hefe
50 g weiche Butter
1 Pr. Zucker
1 TL Salz
400 g Mehl

Belag:
4 EL gemischte Kräuter
200 g Frischkäse
3 EL Sahne

Zum Bestreuen:
150 g Emmentaler
100 g Schinkenspeckwürfel

In den Mixtopf geben **2 Min./Brotstufe** verkneten. Teig zu einem Rechteck ausrollen. Nun Kräuter, Frischkäse, 1 EL Sahne in den Mixtopf geben und **30 Sek./Stufe 4** vermischen. Anschließend auf den Teig streichen. Käse in den Mixtopf geben und **4 Sek./Stufe 6** zerkleinern. Schinkenspeckwürfel mit dem Käse vermischen und dann über den Teig streuen. Teig zusammen rollen und in 1 cm breite Schnecken schneiden, auf ein Blech legen und mit der restl. Sahne bestreichen. Alles mind. 20 Min. gehen lassen. Zum Schluss bei 180 °C /25 Min. backen.

KASSLER IN WEINSOSSE

Evelyn Ruckgaber

Zutaten

(4–5 Personen)
3 EL Butter
2 MB Wasser
1 MB Weißwein
200 ml Sahne
70 g Sahneschmelzkäse
150 g Camembert
2 P. Rahmsoße (Fertigprodukt)
600 g Kassler
1 kl. Dose Pilze

Butter **1 Min./80 °C/Stufe 1** schmelzen. Nun alle Zutaten zu der Butter geben und auf **Stufe 6** mischen. Anschließend die Soße **2 Min./100 °C/Stufe 4** kochen. Den Backofen auf 200 °C vorheizen. Kassler in Scheiben schneiden und in eine Auflaufform anrichten. Eine kleine Dose Pilze darüber geben und mit der Käsesoße übergießen. Nun alles ca. 1 Stunde im Backofen auf 180 °C, mittlere Schiene O/U garen. Dazu passt Reis oder Kartoffelpüree und grüner Salat.

KICHERERBSEN CANAPÉS

Zutaten

200 g gekochte, gut abgetropfte Kichererbsen
5 EL Olivenöl
1 EL Zitronensaft
1 Knoblauchzehe
50 g schwarze Oliven, ohne Stein
Salz & Pfeffer
15 runde Scheiben Pumpernickel
50 g Sprossen (Alfalfa, Rettich oder Senf)

Knoblauch und Oliven bei **Stufe 5** zerkleinern und umfüllen. Kichererbsen im Mixtopf auf **Stufe 5/6** fein pürieren. Knoblauch, Oliven und restliche Zutaten zufügen und alles zu einer Creme verrühren auf **Stufe 4.** Mit einem Spritzbeutel auf die Pumpernickelscheiben aufspritzen oder mit einem Messer aufstreichen. Mit den Sprossen garnieren.

KÖHLERTORTE

Zutaten

200 g Blumenkohl
200 g Brokkoli
150 g Romanesco
(alle 3 Sorten gefroren)
200 g Kassler
250 g Gouda
2 Bund Petersilie
1 P. Tiefkühlblätterteig (300 g)
3 Eier
250 ml Milch
125 ml Sahne
Salz, Pfeffer, Muskatnuss

Gefrorenes Gemüse in kochendes Wasser geben, 15 Min. blanchieren und abtropfen lassen. Kassler in Würfel schneiden. Die Petersilie waschen, trocken schütteln und fein hacken. Den Blätterteig ausrollen. Eine mit kaltem Wasser ausgespülte Auflaufform (ca. 30 cm) damit auslegen. Die überstehenden Teigränder abtrennen. Gouda im Mixtopf **5 Sek./Stufe 4** raspeln und umfüllen. Eier und Milch **10 Sek./Stufe 6** vermengen. Sahne hinzugeben, Petersilie, Salz, Pfeffer und Muskat zufügen und **10 Sek./Stufe 10** mischen. Gemüse und Kassler in der Form verteilen. Die Eimilch darüber gießen. Mit dem Käse bestreuen. Im vorgeheizten Backofen bei 200 °C auf der mittleren Schiene ca. 40-50 Min. backen.

KRABBEN – KÄSE QUICHE

Zutaten

Teig:
500 g Mehl
250 g Milch
2 Eier
40 g Hefe
1 Pr. Zucker
1 Pr. Salz
50 ml Öl oder
60 g Schmalz

Füllung:
1 kg Krabben
500 g Käse
40 ml Öl
250 g Sahne
4 Eier
1 TL Kümmel
Salz & Pfeffer
50 g geriebener Käse

TEIG: Die Eier in den Mixtopf geben und **15 Sek./ Stufe 2** mischen. Milch, Zucker, Salz, Öl oder Schmalz und Hefe zugeben und **15 Sek./Stufe 3** mischen. Mehl zugeben und **2 Min./Brotstufe** verkneten. ca. 30-40 Min. gehen lassen. Teig sollte sein Volumen verdoppelt haben. Teig auf ein gefettetes mit Backpapier ausgelegtes Blech ausrollen. Rand etwas hochziehen. Nochmals gehen lassen. Rand sollte so hoch sein, das die Füllung nicht auslaufen kann.

FÜLLUNG: Krabben auspulen und mit etwas Öl beträufeln und kurz in einer Pfanne anbraten. Auskühlen lassen. Den Käse in kleine Würfel schneiden. Nun gibt man Sahne, Milch, Eier, Kümmel, Salz und Pfeffer in den Mixtopf und **30 Sek./Stufe 4** mischen. Nun noch Krabben mit Käse mischen und auf den Teig legen. Zum Schluss noch die Flüssigkeit auf die Quiche geben und bei 190 °C 45-50 Min. backen.

KRABBEN-OLIVEN-ROLLE

Zutaten

Guss:
1 Ei
180 g Öl
Salz
Senf
Pfeffer
Thymian
Petersilie
1 Knoblauchzehe

Biskuit:
5 Eier
50 g Zucker
130 g Mehl
1 Pr. Salz

Füllung:
1 P. Frischkäse
1 EL Butter
150 g flüssige Sahne
3 Eier
Salz & Pfeffer
250 g Krabbenfleisch
gefüllte Oliven
Paprikapulver
Pfeffer aus der Mühle

GUSS: (Mayonaise) Alle Zutaten im Mixtopf **5 Sek./Stufe 8** zerkleinern, dann das Öl über den Deckel in den Mixtopf laufen lassen.

BISKUIT: Rühraufsatz einsetzen und die Eier und Zucker einfüllen: **5 Min./37 °C/Stufe 3** mischen. Anschließend **6 Min./Stufe 3** aufmixen. Mehl zufügen **4 Sek./Stufe 3**. Auf ein gefettetes Backblech verteilen ca. 12-15 Min./bei 180 °C backen. Auskühlen lassen.

FÜLLUNG: Krabben mit der Butter **2 Min./100 °C/↺/Stufe 2** dünsten. Beiseite stellen. Restliche Zutaten in den Mixtopf füllen, außer Paprikapulver und Oliven. **7 Min./80 °C/Stufe 4** mixen. Die Masse auf den Biskuit verteilen und mit Hilfe eines feuchten Tuchs aufrollen. Mit der Mayonnaise bestreichen. Mit Paprikapulver und Oliven verzieren.

KRABBENKLÖSSCHEN AUFLAUF

Zutaten

1 mittlere Zwiebel
300 g Krabben oder andere Meeresfrüchte, gehackt
300 g Mehl
1 Lorbeerblatt
500 g Milch
250 g Fischfond
50 g Distelöl
50 g Tomaten püriert
Salz oder 1 EL Gemüsebrühe Instant

Soße:
50 g Distelöl
4 Knoblauchzehen
1 Lorbeerblatt
20 g Sherry
2 EL Mehl
250 g Fischbrühe

Für die Klößchen die Zwiebel auf **3 Sek./Stufe 6** zerkleinern. Öl, Lorbeerblatt zugeben und **3 Min./90 °C/Stufe 1** garen. Krabben zugeben und weitere **2 Min./↺/Stufe 1** garen. Milch, Fond, Mehl und Tomatenpüree hinein geben, nochmals **8 Min./90 °C/LL/Stufe 3** zu Ende garen. Umfüllen und beiseite stellen.

Soße: Knoblauch in den Mixtopf geben und **3 Sek./Stufe 6** zerkleinern. Öl und Lorbeerblatt zugeben: **5 Min./Varoma®/Stufe 1** dünsten. Mehl, Sherry, Fond und Brühe oder Salz zugeben, nun **10 Min./100 °C/Stufe 4** mixen. Klößchen formen, in Mehl wälzen und frittieren. In eine Auflaufform geben, mit Soße bedecken und ca. 10 – 15 Min./180 °C O/U gratinieren.

KRAUTKRAPFEN VEGETARISCH

Sylvia Huber

NUDELTEIG: Alle Zutaten **1 Min./Knetstufe** zusammenkneten. Eine Kugel formen und in Frischhaltefolie ca. 30 Min. ruhen lassen.

SAUERKRAUT: Sauerkraut kann wie gewohnt hergestellt werden oder: Das Kraut kann man sicherlich im Thermomix herstellen. Ich hab es in der Pfanne gemacht, um ein wenig Röstaromen in das Kraut zu bekommen. Zwiebel mit Fett anbraten bis sie leicht braun wird. Apfel dazugeben und kurz andünsten. Kraut einrühren und gut angehen lassen, dass es etwas am Pfannenboden ansetzt. Suppenpaste, Kümmel, Rauchsalz und Zucker dazugeben. Mit Wasser angießen und bei geschlossenem Deckel 10 Min. köcheln. Das Wasser ist nun verdunstet. Zum Schluss die Röstzwiebel, Petersilie und die Brotkrümel einrühren. Evtl. noch mit Salz und Pfeffer abschmecken. Ist das Kraut zu sauer noch ein wenig Zucker beifügen.

FÜR DEN KRAPFEN: Den Nudelteig in 2 Hälften teilen. Auf bemehlter Arbeitsplatte eine dünne Nudelplatte ausrollen. Den Teig dünn mit Senf bestreichen und die Hälfte des Krauts darauf verteilen. Zügig zusammenrollen und ca. 4 cm Scheiben mit einem scharfen Messer abschneiden. Eng in den gefetteten Varoma®-Einsatz legen. Mit der zweiten Hälfte Teig gleich verfahren. In den Mixtopf ca. 500 g Wasser füllen und mit Brühe würzen. **30 Minuten Varoma®/Stufe 1** dampfgaren. Zum Schluss noch mit gehackter Petersilie besteuen.

Zutaten

(für 4 Personen)

Nudelteig:
380 g Mehl
2 Eier
½ TL Salz
1 TL Öl
70-80 g Wasser

Sauerkraut:
1 Zwiebel zerkleinern
1 geschälter Apfel zerkleinern
etwas Rauchsalz
20 g Fett zum Anbraten (z.B. Alsan)
500 g Sauerkraut
1 EL Suppenpaste oder Brühpulver
1 Scheibe Brot zerkleinert
2 EL Röstzwiebel
1 TL Kümmel
1 Pr. Zucker
Salz & Pfeffer
50 ml Wasser
1 EL Petersilie

Für den Krapfen:
2 EL Senf

LAUCHQUICHE MIT SCHINKEN & KÄSE

Karen Wetzke

Zutaten

1 MB Öl
1 MB Bier
4½ MB Mehl
1 EL Butter
2 Lauchstangen
2 MB Milch
Salz, Pfeffer,
Muskatnuss
100 g Schinken
100 g Käse
½ MB Sahne
1 EL Mehl

Öl, Bier, Mehl in den Mixtopf geben und **8 Sek./Stufe 4** mischen. Mit dem Teig eine Backform auskleiden und vorbacken. Butter und Lauch in den Mixtopf geben und **3 Min./90 °C/ Stufe 1**. Milch, Salz, Pfeffer und Muskatnuss zufügen **6 Min./90 °C/Stufe 2** mischen. Nun den 1 EL Mehl, Schinken, Käse und Sahne zugeben und **1 Min./Stufe 3** rühren. Alles auf die Quiche geben und im Backofen auf 180 °C (Umluft) ca. 35–40 Min. gratinieren. Evtl. mit Käse bestreuen.

Lauwarmer SCHINKEN-FRISCHKÄSE-AUFLAUF

Zutaten

300 g gekochten
Schinken im Stück
300 g Frischkäse
4 Eier
3 EL Mehl
½ P. Backpulver
250 ml Milch
1 EL Dijonsenf
2 TL Salz

Schinken und Käse **10 Sek./Stufe 5** zerkleinern und beiseite stellen. Ohne den Mixtopf zu waschen die restlichen Zutaten zugeben und **1 Min./Stufe 5** mischen. Käse und Schinken zugeben und einige Sek. mit Hilfe des Spatels auf **Stufe 2** mischen. In eine gefettete Auflaufform füllen und bei 180 °C mittlerer Schiene im Backofen 45 Min. backen. Lauwarm stürzen und mit Tomatensoße und Beilagen je nach Geschmack servieren.

LEBERKÄSE AUF SCHLANKE ART

Zutaten

500 g Fleisch (Pute, Schwein, Kalb)
1 Zwiebel
10 g Salz
2–4 Eier
2–3 alte Brötchen
1 EL Majoran
Muskat

Für Pizzafleischkäse zusätzlich noch: 1 EL Pizzagewürz/ ital. Kräuter je 1/2 Paprika rot und gelb. Kastenform mit Backpapier auslegen, damit es nicht klebt. Zwiebel und evtl. die Paprika in den Mixtopf geben und **3 Sek./ Stufe 6** zerkleinern, dann umfüllen. Fleisch in groben Stücken ebenfalls in den Mixtopf füllen und **Stufe 6** zerkleinern und ebenfalls umfüllen. Brötchen und Eier auf **10 Sek./Stufe 5** miteinander mischen. Nun die restlichen Zutaten wieder zufügen und solange auf **Stufe 5/6** vermischen bis eine geschmeidige Masse entstanden ist. Die Masse in die vorbereitete Kastenform füllen und 1–1½ Std. bei 200 °C backen.

LEBERKÄSE (OHNE LEBER)

Zutaten

500 g gemischtes Hack
100 g magerer Bauchspeck (ohne Schwarte)
125 ml eiskaltes Wasser
1 Zwiebel
1 geh. TL getrockneter Majoran
Salz & Pfeffer,
etwas Muskat
etwas Milch
1 TL Speisestärke

Hack und Bauchfleisch in Stücken für ca. 30 Min. in den Gefrierer geben. Zwiebel pellen und in Stücken **6 Sek./Stufe 5** zerkleinern und umfüllen.

Bauchfleisch in Stücke in den Mixtopf füllen und so lange auf **Stufe 10** zerkleinern bis eine breiige Masse entsteht. Diese auch rausnehmen. Die Hälfte Hackfleisch mit der Hälfte Eiswasser auf **Stufe 10** zu einer feinen Paste zerkleinern, ebenfalls rausnehmen. Dasselbe mit der anderen Hälfte machen. Nun alles in den Mixtopf zurück geben und Gewürze, Milch und die Speisestärke dazugeben. **1 Min./Stufe 9** zu einer cremigen Masse verarbeiten. Etwas Salz zugeben. Alles mind. 1 Stunde kalt stellen. Kastenform fetten, Masse einfüllen und glatt streichen. Form hin und her schütteln, damit die Luft entweicht. Im vorgeheizten Backofen bei 150–170 °C ca. 70–80 Min. im unteren Drittel O/U backen.

MALLORCA-BLECH

Zutaten

Teig:
50 ml Öl
50 g Schweineschmalz
100 g Wasser
½ Würfel Hefe
1 TL Salz
1 Pr. Zucker
300 g Mehl

Füllung:
30 g Öl
150 g Mangold (nur das Grüne)
2 kleine oder 1 große grüne Paprikaschote
2 reife Tomaten
1 kleine Zwiebel
1 Knoblauchzehe
Salz & Pfeffer

Teig: Öl, Schweineschmalz, Wasser und Zucker in den Mixtopf geben und **2 Min./37 °C/Stufe 2** mischen. Mehl, Hefe und Salz zugeben und anschließend **3 Min./Brotstufe** zu einem Teig verarbeiten. Teig ausrollen und auf ein Backblech legen.
Alle Zutaten für die Füllung in den Mixtopf geben und **20 Sek./Stufe 6** zerkleinern. Auf dem Teigboden verteilen, einige Min. gehen lassen und im vorgeheizten Backofen 25–30 Min. bei 220 °C (O/U) backen.

MEXIKANISCHE EIER, SCHARF

Susanne Krause

Zutaten

6 Eier
1 Zwiebel
1 Paprika in groben Stücken
½ Peperoni
20 g Butter o. Margarine
100 ml Rotwein
50 ml Ketchup
200 ml Tomatensaftgetränk mit dem Mexicanerhut picant
etwas Speisestärke
Salz, Pfeffer, Paprika, Curry

Eier hart kochen, schälen und in eine Schüssel legen. Zwiebel, Paprika und Peperoni **3 Sek./Stufe 6** zerkleinern. Butter/Margarine ebenfalls dazugeben und **5 Min./80 °C/Stufe 1** dünsten. Mit Rotwein, Ketchup und Tomatensaft auffüllen und **9 Min./90 °C/Stufe 1** köcheln lassen. Zum Schluss mit etwas Speisestärke binden. Mit Salz, Pfeffer, Paprika und Curry würzen. Das Ganze über die Eier gießen und über Nacht im Kühlschrank ziehen lassen. Am nächsten Tag mit Brot oder Brötchen verzehren.

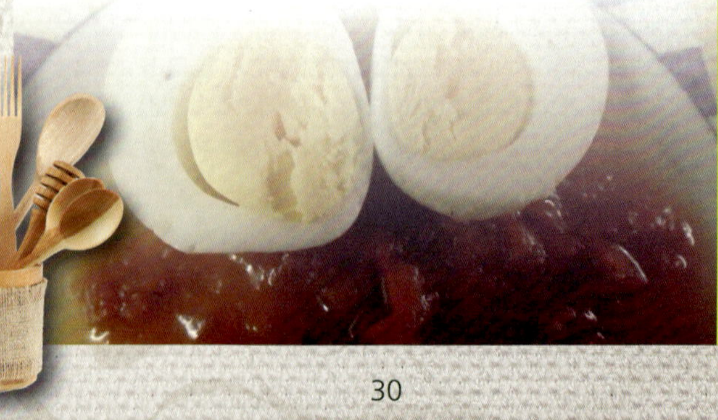

MÜSLIKUGELN

Nina Ressing

Zutaten

120 g trockenes Vollkorn-brot
100 g Rosinen
70 g Schokolade (oder 170 g Schoko-Rosinen)
120 g Nüsse
50 g Sonnenblumenkerne/Sesam/Leinsaat
50 g Müsli
100–150 ml Amaretto (für Erwachsene) oder 100–150 ml Apfel-/Orangensaft (für Kinder)
Sesam, Kokosflocken, Schokostreusel zum Rollen

Alle Zutaten außer der Flüssigkeit ca. **20 Sek./Stufe 10** zerkleinern, dann nach und nach die Flüssigkeit zugeben. Nun **20 Sek./Stufe 6** mit Hilfe des Spatels verrühren, bis eine formbare Masse entsteht. Kleine Kugeln formen und in Sesam, Kokos oder Schoko rollen. Im Kühlschrank aufbewahren.

NUDEL-ANANAS-TORTE

Zutaten
(Teig für 2 Torten)

Teig:
250 g Margarine oder Butter
250 g Quark
250 g Mehl
1 Pr. Salz
250 g Nudeln vorgegart
1 kl. Dose Ananas
5 Scheiben gekochter Schinken in Streifen

Guss:
250 ml Sahne
3 Eier
1 Pr. Salz
1 TL Curry

Zum Bestreuen:
200 g Gouda
einige Kürbiskerne

TEIG: Alle Zutaten (bis zu den Nudeln) in den Mixtopf füllen und **1 Min./Stufe 4** zu einem Teig verarbeiten. 1 Stunde kühl stellen. Den Teig in eine Springform ausrollen. Nudeln und Ananas mit Schinkenstreifen darauf verteilen.

GUSS: Rühraufsatz einsetzen und die Zutaten für den Gruss ca. **2 Min./Stufe 3** verrühren. Dieses über die Torte geben. Käse in den Mixtopf geben und **10 Sek./Stufe 7** zerkleinern und über der Torte verteilen. Nun noch einige Kürbiskerne zum Schluss darüber streuen. Die Torte ca. 50–60 Min./bei 200 °C O/U backen.

ANMERKUNG: Der Teig reicht für 2 Torten und kann gut eingefroren werden. Dazu eine Currysoße evtl. mit Bananen- und Pfirsichstücken reichen.

PARTY METT-AUFLAUF

Zutaten

2 kg Mett
1 Brötchen
1Ei
Pfeffer a. d. Mühle
Salz
1 Glas Zigeunersoße
rote und grüne Paprika

NACH BELIEBEN
Zwiebeln, Pilze oder Mais

Das Mett würzen, (nur in 2–3 Arbeitsgängen im TM möglich) mit Ei und eingeweichtem Brötchen od. Paniermehl mischen und auf ein mit Backpapier ausgelegtes Backblech verteilen. Darüber die Zigeunersoße geben. Paprika, Zwiebeln in Stücken in den Mixtopf geben und **4 Sek./Stufe 6** zerkleinern und über der Soße verteilen. Nach Wunsch kann man auch anderes Gemüse dazugeben. Das Ganze mit Alufolie abdecken und für ca. 60 Min./200 °C mittlere Schiene garen. Danach noch ca. 15 Min. ohne die Folie backen.

PETERSILIEN-VOLLKORNWAFFELN

Zutaten

500 g Weizenvollkornmehl
1 P. Trockenhefe
1 TL Salz
1 Pr. Zucker
1 Bund Petersilie
500 ml Wasser

Petersilie im Mixtopf auf **Stufe 5** kurz zerkleinern. Nun die restl. Zutaten zugeben und alles **3 Min./Brotstufe** zu einem Teig verarbeiten. Portionsweise im Waffeleisen etwas länger als bei normalem Waffelteig backen.

ANMERKUNG: Passt hervorragend zu Grillfleisch.

PIZZAKUCHEN

Zutaten

200 g gekochter Schinken
250 g Salami
200 g Gouda
50 g Zwiebeln
2 Knoblauchzehen
1 Tomate
400 g Sahne
6 Eier
200 g Mehl
5 - 10 Champignons

Backofen auf 200 °C vorheizen. Backblech einfetten. Den Schinken, die Salami und den Käse in Stücken je Sorte in den Mixtopf geben und **10 Sek./Stufe 6–7** zerkleinern und umfüllen. Die Zwiebel **3 Sek./Stufe 6** zerkleinern. Sahne, Eier, Knoblauch, Tomate, Mehl und Pilze zufügen und **10 Sek./↺/Stufe 3** mit Hilfe des Spatels mischen. Auf das vorbereitete Blech gießen und dann die Schinken/Salami Mischung darauf verteilen. Zum Schluss den Käse drüber geben und ca. 30–40 Min. 180 °C O/U goldbraun backen.

PIZZATEIG SCHNELL

Zutaten

200 g lauwarmes Wasser
½ Würfel Hefe
50 g Öl
400 g Mehl
1 TL Salz

Wasser, Hefe, Salz und Öl in den Mixtopf geben und **20 Sek./Stufe 4** zu einem Teig verarbeiten. Mehl hinzufügen und **1 Min./Brotstufe** verkneten. In eine Schüssel füllen ca. 30 Min. gehen lassen. Nun auf ein Backblech ausrollen und nach Geschmack belegen oder als Pizzabrot ca. 25–30 Min. mittlere Schiene bei 180 °C backen.

PIZZA-TEIG MIT VOLLKORNMEHL

Zutaten

500 g Vollkornweizenmehl
½ Würfel Hefe
1 Pr. Zucker
1 TL Salz
¼ l Milch
2 Eier
60 g Öl

Alles in den Mixtopf geben und **3 Min./Brotstufe** verkneten. Nun auf ein Backblech ausrollen und ca. 30 Min. gehen lassen. Anschließend nach Geschmack belegen und bei 180°C ca. 30 Min. backen.

QUICHETEIG AUF DIE SCHNELLE

Zutaten

300 g Mehl
125 g Butter
70 g Wasser
1 TL Salz
1 TL Zucker

Die Zutaten der Reihe nach in den Mixtopf füllen und **2 Min./Brotstufe** verarbeiten.

SANDWICH MIT MUSCHELFÜLLUNG

Zutaten

3 Dosen Miesmuscheln in würziger Soße
2 rote Paprika aus der Dose
1 Dose Kondensmilch
4 Eier
Pfeffer und wenig Salz
1 Toastbrot

Alle Zutaten in den Mixtopf geben und **20 Sek./Stufe 4** einschalten. Rühraufsatz einsetzen und **7 Min./90 °C/Stufe 2** einschalten. Salzen und pfeffern. In eine Form füllen, auskühlen lassen und stürzen. Die Sandwichfüllung: Toastbrot, Rinde entfernen. Jede Brotscheibe mit Butter und etwas Cocktailsoße bestreichen. Pudding und Toast abwechselnd in eine Auflaufform füllen. Die unterste und die oberste Schicht müssen Brot sein. Man kann auch eine Kastenform oder Hasenterrine nehmen. Im Kühlschrank mind. 3 Std. durchziehen lassen. Zum Servieren auf einem Teller stürzen und schön verzieren.

SANDWICH PASTETE

Zutaten

3 Eier
3 Naturjoghurt
6 MB Mehl
1 MB Öl
1 P. Backpulver
1 Pr. Salz
Paprikastreifen

Alle Zutaten in den Mixtopf füllen und **2 Min./Brotstufe** mischen. Die Hälfte des Teigs auf ein gefettetes Blech legen und einige Minuten backen. Dann die gewünschte Füllung auf den Teigboden geben und mit der zweiten Teighälfte bedecken. Nun mit roten Paprikastreifen verzieren und ca. 25–30 Min. 180 °C. backen.

ANMERKUNG: Füllungen z.B. Lauch-Schafskäse, Spinat-Feta, Spinat-Hack, Hühnchen usw.

SCHINKEN-CHAMPIGNON-TASCHEN

Simone Procker

Zutaten

Teig:
125 g Magerquark
50 ml Milch
50 ml Öl
1 Ei
½ TL Salz
80 g Gouda geraspelt
250 g Mehl (Type 405)
1 P. Backpulver

Füllung:
8 Scheiben roher Schinken
1 kg frische Champignons oder 1 große Dose
2 Zwiebeln
20 g Butter
1 TL Mehl
1 EL Créme fraîche
Salz, Pfeffer, Paprika

Zum Bestreichen:
1 Eigelb
etwas Milch
150 g Gouda

Quark, Milch, Öl und Salz in den Mixtopf geben und **30 Sek./Stufe 3** verrühren. Mehl, Käse und Backpulver hinzufügen und **30 Sek./Stufe 3** durchrühren. Umfüllen und kühl stellen. Die Zwiebeln **3 Sek./Stufe 7** mit Spatel zerkleinern. Butter hinzugeben und **3 Min./100 °C/Stufe 1** dünsten. Nun die Pilze und das Mehl hinzugeben und weitere **5 Min./100 °C/Stufe 1** garen. Créme fraîche und die Gewürze **Stufe 3** unterrühren. Abkühlen lassen. Teig ausrollen, in 8 Quadrate von ca. 15 x 15 cm schneiden. Jedes Quadrat mit einer Scheibe Schinken belegen, Pilzmasse darauf verteilen. Die Teigränder mit Eiermilch (das Eigelb mit etwas Milch verquirlt) bestreichen und zu einem Dreieck zusammen klappen. Auf ein mit Backpapier ausgelegtes Backblech legen, mit Eiermilch bestreichen und den geraspelten Gouda draufstreuen und mit Paprika besträuben. Ca. 25–30 Min. auf 180 °C (vorgeheizt) auf mittlerer Schiene backen.

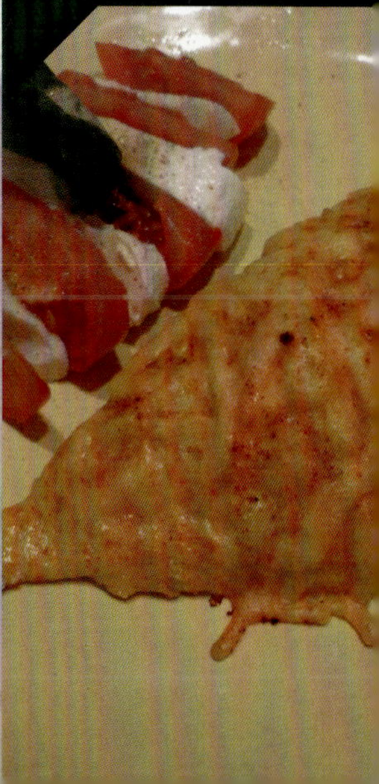

SCHMANDKUCHEN MIT HACK-SCHINKEN FÜLLUNG

Zutaten

Teig:
400 g Mehl
220 g Margarine
200 g Schmand
½ TL Salz
1 Würfel Hefe (oder 2 Tüten)

Füllung:
100 g Gouda
je 1 rote und gelbe Paprikaschote
200 g Kochschinken
1 Zwiebel
500 g Hackfleisch
1 Ei
1 eingeweichtes Brötchen
1 P. Zwiebelsuppe
1 Becher Schmand

TEIG: Alles in den Mixtopf geben und **2½ Min./ Brotstufe** zu einem Teig verkneten. Teig umfüllen und nochmals kurz per Hand durchkneten. Teig halbieren. 1 Hälfte ausrollen und in eine runde Backform legen. 2. Teighälfte in den Kühlschrank stellen.
FÜLLUNG: Gouda in Stücken im Mixtopf **3 Sek./ Stufe 5** zerkleinern. Paprikaschoten in Stücken, Kochschinken, Zwiebel jeweils **3 Sek./Stufe 7** zerkleinern und umfüllen. Alles wieder in den Mixtopf geben. Hackfleisch, Ei, Brötchen, Zwiebelsuppe, Schmand dazugeben und ca. **20 Sek./Stufe 4** mit Hilfe des Spatels mischen. Hackfleischmasse auf den Boden des Teiges verteilen. Vom 2. Teig ein Teiggitter herstellen (eine spezielle Form) oder in Streifen schneiden und auf die Hackfleischmasse legen. Nun ca. 45–50 Min./180 °C mittlere Schiene (O/U) backen.

SCHMANDTEIG

Zutaten

450 g Mehl
250 g Butter oder Margarine
160 g Schmand oder saure Sahne
1TL Salz

Alles in den Mixtopf geben und **3 Min./Stufe 4** verkneten. Auf ein Backblech streichen und nun nach Wunsch befüllen mit z.B. Gemüse-, Fleisch- oder Hack und ca. 40–50 Min. bei 180 °C backen.

SPECK FLAMMKUCHEN

Iris Lengfellner

Zutaten

500 g Weizen- oder Dinkelmehl (Type 812 oder 1050)
1 Würfel Hefe
1½ TL Salz
ca. 350 g lauwarmes Wasser

Belag:
80 g Mehl
170 g saure Sahne
1 Ei
1½ TL Salz
Pfeffer
Knoblauchpulver
1½ große Zwiebeln
Schnittlauch oder Lauchzwiebeln
100 g geräucherter Speck
Kümmel

Teigzutaten in den Mixtopf füllen und **2½ Min./Brotstufe** verkneten. Anschließend ca. 1 Std. abgedeckt gehen lassen. Teig in 5-6 Portionen teilen, zu Kugeln formen und auf einem bemehlten Brett 10 Min. gehen lassen. Zwiebeln in den Mixtopf geben und **4 Sek./Stufe 6** zerkleinern. Nun etwas Butter zugeben und **3 Min./90 °C/Stufe 2** andünsten. Mehl, saure Sahne, Ei, Salz und Gewürze, sowie Schnittlauch in den Mixtopf geben und **10 Sek./Stufe 3** verrühren.. Teigkugeln formen und rund ausrollen, Belag aufstreichen und bei 250 °C ca. 20 Min. backen.

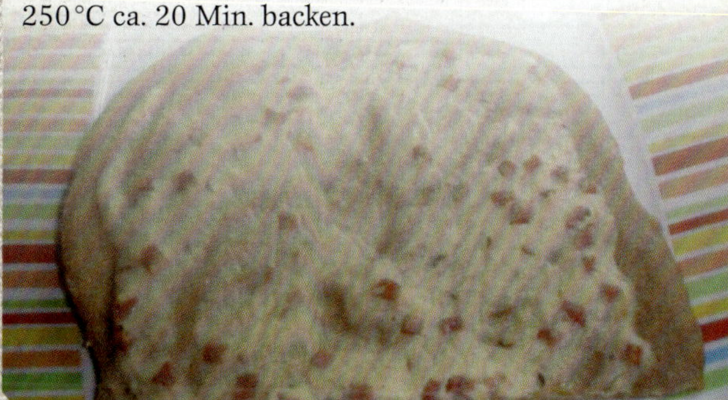

SPECK-LAUCH-KUCHEN

Zutaten

200 g Emmentaler

Teig:
400 g Mehl
½ Würfel Hefe
1 Pr. Zucker
2 EL Öl
1 TL Salz
200–250 ml Wasser, lauwarm

Belag:
250 g Quark
1 Becher Schmand
1 TL Salz
Pfeffer
250 g geräucherte Speckwürfel
200 g Lauch, in Ringen

Emmentaler (in groben Stücken) in den Mixtopf geben und auf **Stufe 5** zerkleinern und umfüllen. Teigzutaten in den Mixtopf geben und **2½ Min./Brotstufe** kneten. Teig gehen lassen und auf einem Backblech auswellen. Quark, Schmand, Salz, Pfeffer in den Mixtopf geben und **30 Sek./Stufe 2** verrühren (evtl. Rühraufsatz nutzen). Die Quarkmasse auf den Hefeteig streichen und mit geräuchertem Speck und Lauch bestreuen. Danach den geriebenen Emmentaler darüber streuen und bei 180 °C ca. 20–30 Min. backen.

TEIG FÜR PASTETCHEN MIT HEFE

Zutaten

100 g Milch
100 g Öl
1 Ei
1 El Schweineschmalz
1 Würfel Hefe
400 g Mehl

Milch, Hefe, Öl in den Mixtopf geben und **1 Min./50°C/ Stufe 1** erwärmen. Restliche Zutaten dazu geben und **3 Min./Brotstufe** verkneten. Im Backofen mit der Füllung ca. 25-30 Min. bei 180°C backen.

ANMERKUNG: Sie können sie mit verschiedenen Füllungen befüllen.

TOMATEN MIT THUNFISCHFÜLLUNG

Zutaten

24 Kirschtomaten
1 Dose Thunfisch in Öl
2 Schalotten
1 TL Butter
1 Bund Petersilie
1 EL Mayonnaise
Salz & Pfeffer
Schnittlauch

Schalotten **5 Sek./Stufe 5** mit zerkleinern. Butter hinzufügen und **2 Min./90 °C/Stufe 1** andünsten. Thunfischöl abgießen und mit Mayonnaise, Pfeffer und Salz **1 Min./Stufe 4** vermischen. Tomaten waschen und an der glatten Seite einen Deckel abschneiden. Mit einem kleinen Löffel aushöhlen. Masse in die Tomaten füllen, Deckel wieder aufsetzen. Mit Schnittlauchröllchen bestreuen.

TORTILLAS

Zutaten

200 g Mais
50 g Weizen
½ TL Salz
1 EL Öl
Butter

Zum Bestreichen und Bestreuen:
Butter
Käseraspel

Mais und Weizen in den Mixtopf geben und **20 Sek./Stufe 10** fein mahlen. Nun Salz, Öl und 1/8 l Wasser zugeben und **3 Min./Brotstufe** zu einem festen Teig verkneten. Teig entnehmen und ca. 30 Min. ruhen lassen. Teig in 4 Portionen teilen und zu dünnen Fladen ausrollen. Die Fladen in einer großen Pfanne in heißer Butter goldgelb backen, dabei mehrmals wenden. Tortillas werden mit frischer Butter bestrichen oder mit geriebenem Käse bestreut gegessen.

WEISSWEINKUCHEN

Zutaten

Teig:
500 g Mehl
100 g Öl
100 g Wasser
100 g Weißwein
1 Würfel Hefe
1 TL Salz

Streusel:
300 g Mehl
100 ml Öl
20 g Salz

Alle Teigzutaten in den Mixtopf geben und **3 Min./ Brotstufe** verkneten. Teig ausrollen und auf ein Backblech geben. Ohne den Mixtopf zu reinigen die Zutaten der Streusel einfüllen und **10 Sek./Stufe 4** mischen. Auf einen Teller kippen, mit den Händen zerkrümeln und auf den Teigboden streuen. Mit einem Küchentuch abdecken und ca. 30 Min. gehen lassen. Anschließend bei 180 °C bei 20 Min. backen.

ZWIEBELFLEISCH – POMMERSCHE ART

Susanne Höcherl

Zutaten

4 Puten- oder Schweineschnitzel
1 Zwiebel
1 Knoblauchzehe
500 g Naturjoghurt
1 Becher Sahne
1 Tüte Zwiebelsuppe
Paprika
Salz & Pfeffer
Chilipulver

Puten- oder Schweineschnitzel waschen, trocken tupfen und in eine Auflaufform legen. Zwiebel und Knoblauch in den Mixtopf füllen und **5 Sek./Stufe 5** zerkleinern. Joghurt, Sahne, Zwiebelsuppe und Gewürze dazu geben **1 Min./Stufe 4** mischen. Die Soße über das Fleisch gießen und ca. ½ Std. im Kühlschrank ziehen lassen. Nun ca. 55–60 Min. bei 200 °C backen.

ANMERKUNG: Dazu reicht man Pommes oder Bratkartoffeln.